Salama Inge Heinrichs

Gedichte

Den Himmel berühren
Auf der Erde bleiben

www.heinrichs-swoboda.de

Eigenverlag

Die Autorin Salama Inge Heinrichs, Jahrgang 1922, unterstützte bis zu ins hohe Alter von 91 Jahren, Menschen in ihrer individuellen Entfaltung und Entwicklung.

Ihr erstes Buch: *»Das Geheimnis der Lebendigkeit«* erschien erstmals 2001 im Kösel Verlag, München und ist heute im Eigenverlag über *»print on demand by amazon«* erhältlich.

Ihr zweites Buch: *»Körpersprache als Schlüssel zu Seele«* erschien erstmals 2004 und ist heute im Eigenverlag über *»print on demand by amazon«* erhältlich.

Sie gründete das „heinrichs-swoboda institut für expressiv emotionale entlastung und psychotherapie", das heute von ihren Töchtern Caroline und Henriette Heinrichs, so wie Christoph Swoboda weiter geleitet wird.
www.heinrichs-swoboda.de

Vorwort:

Gedichte sind Lichtstrahlen der Schöpfung, die unseren Alltag erhellen.
Sie regen uns zum Nachdenken an, begleiten uns durch manches dunkle Tal, verzaubern den Tag oder erinnern an die eigentlichen Aufgaben, die wir in dieses Leben mitgebracht haben.

Salamas Gedichte schöpfen im Besonderen aus der Weisheit von 80 gelebten Jahren und ihren vielen Jahren intensiver, therapeutischer Arbeit. Sie sind für jeden ein Geschenk, der sich von dem darin verborgenen tiefen Wissen und der aufrichtigen Wahrheit berühren lassen will. Für uns, ihre Freunde und Weggefährten, sind sie Unterstützung und Inspiration.

Mit diesem Gedichtband zu Ehren von Salamas 80 Geburtstag wollen wir „Danke" sagen für ihre Freundschaft, für ihre Weisheit und für ihre unerschöpfliche Kraft, ihr Wissen und ihre Arbeit weiterzugeben, um andere teilhaben zu lassen und bei ihrem spirituellen Wachstum zu begleiten.

München, den 18. Juni 2002

Inhalt

Denn siehe
Ich bin dein Kind
Deine Schöpfung
denn siehe
Ich folge dir nach
wenn auch blind
Und taub und
Ohne Gedächtnis
Denn siehe
Mein Körper ist schwach
Und meine Füße
Sind müde vom
Weg in der Wirrnis
Denn siehe
Ich knie vor dir und
flehe um Gnade

So sei denn bei mir
Denn es wird Abend
Und die Nacht beginnt
Du hast es versprochen
Freund und Geliebter
Uns heimzusuchen
In der Stunde
der Wahrheit

♥

Du gehst hervor
Aus den Wirren des Schicksals
Alle Bilder sind Gleichnis
Und ein jeder sieht sie
Auf seine Weise

Von nun an werden
Die Äonen bereit sein
Ihr Geheimnis zu lüften
Für den der rein ist
Und ohne Makel
Für den der vertraut
Auch ohne Beweise
Für den der annimmt
Für den der schweigt
Für den der lächelt

Du bist es selbst
Du wie ein jeder
Zu gleichen Teilen
Gleich wichtig
Gleich wertvoll
Gleich würdig
Gleich schön
Hauptsache da sein
Mit wachen Augen und
Nacktem Herzen und
Mit leerem Gehirn

9

Denn es schwächt uns
Was rechnet
Was fürchtet was sinnt

Der Sinn das bist du
Dein Freisein dein Anlass
Dein Auftrag dein Handeln
Dein Herz und dein Mut

♥

Die Klugheit
Kommt vor der Weisheit
Wer aus dem Herzen handelt
Macht Frieden
Wer seinem Machttrieb folgt
Macht Krieg
Wer sich selbst erkannt hat
Kann nicht streiten
Wer sich selbst liebt
Liebt auch seinen Feind

♥

Gebe der Himmel
Dass der Tod
Vorher eintritt
Ehe die Nacht beginnt
Und die Schatten des
Zweifels und der
Verzweiflung
Das Haus verdunkeln
In welchem das Licht
Entfacht werden soll
Für die Nacht der Seele
Und für die Auferstehung
Des Geistes der da wirkt
In den ewigen Strukturen
Des Seins

♥

Ewigkeit ist das Immer
Das ist und bleibt und wirkt
Die still gestandene Zeit
Der Augenblick dessen Bild
Sich fortsetzt ins All
Bild für Bild bis in den
Letzten Winkel des Universums
Unveränderlich

Ewigkeit ist jetzt und hier
Dicht bei dicht unauslöschlich
Und die Zeit ist ihr Diener
Der die Stunde schlägt
Mit dem Sekundengong
Unbeirrbar und treu

Dem Herrn der Geschichte
Der das Mosaik zusammensetzt
Mit akribischer Pedanterie
Steinchen für Steinchen
Und nichts wird vergessen
Noch verdammt noch verfälscht

Und vergeben wird nur
Wenn das Danke gesagt ist
Für die Einsicht die aus
Dem Chaos erwacht
Und wenn in dem Land der

Zeit und der Schmerzen
Die Flügel geboren sind
Für den Flug in die Stille

♥

Aneinander vorbeireden
Tiefe vermeiden
Das ist der Weg ins Leid

Wenn wir einander
Die Tiefe verweigern
Geben wir uns selbst
Den Stich ins Herz

Wovor hast du Angst
Mensch ohne Boden
Ohne Anseh`n noch Gnade
Noch Selbstwert noch Licht
Was kannst du verlieren

Nichts als dein Gesicht
Das du mühsam verteidigst
Die Larve die Maske
das Bild ohne Herzblut
Dein Schutzschild dein Panzer
Dein Arsenal deine Ängste

Aber die Wahrheit liegt offen
Wer sucht der findet
Wer frei sein will
Muss sich wehren
Wer leer sein will
Muss sich öffnen

Wer Gnade erwartet
Muss in die Knie geh`n
Wer erkannt werden will
Muss sich zeigen
Wer Liebe braucht
Muss sie geben
Wer Trost braucht
Wende sich an Gott

Denn Antwort kommt
Aus der Tiefe
Und Gnade kommt
Aus der Höhe
Und beides ist
In uns selbst
Lasst es uns
Tauschen

♥

Geh heim
Zum Geheimnis
Das auf dich wartet

Wo bist du zu Hause
Wo kannst du landen
Wo ankern wo sein
Wie sonst führt der Weg
Durch die Schatten
Als durch die Dreifaltigkeit
Deines Wesens
Du bist der Ort der
Wandlung
Durch Leid und Glück
Durch Höllen und Himmel
Durch Tod und Geburt
Und die Offenbarungen
Der Zeitlichkeit und die
Segnungen der Erkenntnis

Nirgendwo wirst du finden
Wenn nicht in deiner Gestalt
Die du ergriffen hast
Um zu begreifen
Der du dienst und die
Dich zu den Orten begleitet
An welchen du aufwachen
Kannst aus den Träumen

Deiner Geschichte
Und das Dankgebet stammelst
Aus den Tiefen deines
Herzens und der Klarheit
Deines Bewusstseins

♥

Dein Gesicht
Eine Botschaft der Götter
Wie die Haut sich über die Knochen
spannt
Ein ausgeformter Schädel
Fein die Augenhöhlen und der schöne
Schwung der Struktur
Ein Ereignis die Schläfen

Wo kommst du her
Wo gehst du hin
Was soll ich lernen durch dich
Was kann ich dir geben
Wer bist du wer bin ich

In die Eingeweide fährt mir
Dein Anblick
Wie der Degen ins Herz des Stiers
Die Stunde der Wahrheit führt mir
Die Zunge
Das Wort zu gesteh`n
Das Jetzt das Immer das Nie
Ins Mark triffst du mich
Ins innerste Innen

Verwundet bin ich in meiner Seele
Die weiß dass die Liebe das Feuer
Entfachen wird

Und bis auf den letzten Rest
Gnadenlos unerbittlich lodernd
Vernichten wird
Was sich weigert

Dem Gott zu dienen bin ich geboren
Der ich bin der du bist
Dein Gesicht ein Wink meinem
Zögern
Meiner Angst
Meinem Entfliehen

Sei bei mir du Diamant der sprach
Erkenne in mir deine Schönheit
Den Schwur den du einlösen musst
Im Augenblick der Begegnung

Mein Herz ist wach und wartet auf
Die Spitze des Degens
Der die Dinge entscheidet
Auch du weißt dass jeder Schritt
Ein Sieg ist

♥

Am Meer ist es schön
Wenn die Stürme uns
Nicht erreichen
Und der Mond ein Gesicht zeigt
Das uns tröstet
Ah

Die Wüste ist herrlich
Wenn wir nicht dürsten
Und der Himmel zwischen
Horizont und Horizont
Rosafarbenen Frieden
Verspricht
Oh

Auf den Bergen
Sind wir Könige
Wenn unser Wille
Den Lift überwindet
Und sich brüstet
Oho

Wo aber bleiben
Sanftmut und Sicherheit
Wenn die Küsten zerbrechen
Die Brunnen versiegen
Die Kräfte schwinden
Oh weh

Dann bleibt nur Gott
Der große Verschwender
Der die Natur walten lässt
Wie es ihr passt
Und seinen Segen
In Herzen pflanzt
Die ihm dienen

♥

Ihr alle
Die ihr mitwirkt und
Mitgewirkt habt
Am Werk der Schöpfung
Ob als Opfer oder Täter
Als Unschuld oder
Schuldbeladen

Ihr alle
Die ihr gelitten habt
Und leidet im Schweiße
Eures Angesichts

Ihr alle
Die ihr euren Weg gehen müsst
Und gegangen seid vom Anfang
Zum Ende vom Morgen zum Abend
Und wieder zum Morgen

Ihr alle
Auf der Suche nach Sinn
Nach Erkenntnis nach Gott
Nach Erlösung nach Heil

Und gestolpert seid und
Stolpert über die
Verführungen der Erde
Über Erfolg Besitz Ruhm

Macht und die Tröstungen der
Begegnung der Umarmung der
Freundschaft der Liebe

Euch allen sei Dank
Für die Lehren die mir
Zuteil wurden und für die
Einsichten die ihr gewährt
Habt mit eurem Sein
Das den Reichtum präsentiert
Mit dem wir ausgestattet sind
Und uns begegnen und
erkennen dürfen und
Uns miteinander öffnen
Für die Segnungen
Der Erde

♥

Himmel
Wenn du mir das Geschenk machst
Die Worte zu finden zu deinem Lob
Was soll es bedeuten für mich

Also bin ich ein Sprachrohr das
seinen
Antennen zuhört und ausspricht
Was ausgesandt worden ist
Vom Zentrum dem ich diene ohne
Stolz
Ohne Macht ohne Einwand

Du bist es der sich ausdrückt und
Der die Wahl trifft ohne zögern
Und ohne Schuld
Auch wenn wir es nicht versteh`n
Weil Tod und Verderben und Unrat
Mord und Verbrechen
Nach deinem Konzept sich ereignen

Die Fliege an meiner Wand ist meine
Prüfung
Ich töte sie dennoch auch wenn sie
Dein Kind ist und nichts im Sinn hat
Sie stört mich
So wirst du auch mich zerquetschen

Wenn es genug ist und ich
heimkommen soll
Zu dir meine Quelle mein Ursprung
In deine Hände befehle ich meinen
Geist

♥

Hoffnung vernichtet sich selbst
Erwartung verhindert die
Wirklichkeit
Sehnsucht führt Leiden zu Taten

Nur wer den Weg ohne Hoffnung
geht
Noch Angst noch Erwartung noch
Sehnsucht noch Zweifel noch Plan
Nur wer die Nacht der Seele
Durchwandert hat mit schwerem
Gepäck
Und Tränen und Husten und nassen
Kleidern
Und den Mond anstarrt wie blöde und
Nichts versteht noch spürt als seine
Füße im Sand und das Pochen des
Herzens
In jeder Zelle in jedem Haar
Nur wenn der Schrei in der Kehle
Erstickt und die Augen ertrunken sind
Können die Ohren sich öffnen die
keine
Sprache haben noch Ausdruck noch
Hirn
Und zu Glocken werden die den Tag
Einläuten die Stunde den Augenblick
Der alles zugleich ist und den Raum

Auftut in welchem sich Schöpfung
Verwirklicht

♥

Es will Abend werden
Und die Nacht beginnt

Wo bist Du Erlöser
Wo bist Du Fürst des Lichts
Wo meine Seele bist du
In welchen Höhlen hast
Du dich verkrochen
Was fürchtest du mehr
Als den Tod

Öffne die Augen
Die tränenschweren
Was hast du erwartet
Was ist dein Traum

Ihr meine Geliebten
Von euch mich zu trennen
Das ist die Nacht
Meiner Seele

So bin ich denn ausgesetzt
Auf den Bergen des Herzens
Ohne Erbarmen

Es sei denn ich folge
Dem Augenblick der die
Zeit durchschreitet die ein

Teil ist des ewigen Seins
Und an die Hand nimmt
Was sich führen lässt
In die Gefilde
Der Seeligen

♥

Herr oder Herrin
Gott oder Göttin
Du ohne Anfang noch Ende
Du ohne Gesicht ohne Hände
Du ohne Gewähr

Wer darf ich sein
In deinem Gewissen
Und handeln nach
Deinem Gebot
 Als Werkzeug das
Alle Geister beflügelt
Und die Geschicke
Vermehrt

Dein Wille geschehe
Du der nicht urteilt
Du die nicht wertet
Du der nicht stirbt
Du die nicht leidet

Wie ich auch handle
Ich zahle die Rechnung
Im Körper zu sein
Heißt erleben erleiden
Erfüllen ersinnen

Solange ich hoffe taxiere

Erwarte solange ich träume
Von dir bist du Rächer
Erst wenn ich erwache
Bin ich deiner würdig
Bin ich der ich bin

♥

Fleisch wo ist den Stachel
Tod wo ist dein Schrecken
Zeit wo ist dein Machtwort
Gott wo ist Dein Richtspruch

Erde Geliebte
Vergib mir mein Fragen
Vergib mir mein Irren
Mein Richten mein Klagen
Vergib mir mein Hasten
Mein Zählen mein Zagen
Vergib mir die Jahre der
Sorgen der Leiden
Vergib mir mein Zögern
Mein Zweifeln mein Hadern

Und nimm meinen Dank
Du Schöne du Gute
Für deinen Langmut
Für deine Zeichen in
Jedem Teilchen in jedem
Stein jeden Lufthauch
In jeder Sekunde

Dank dir du Wunder
In diesem Kosmos
Dank deinen Kindern
Dank deinen Göttern

Dank deiner Liebe
Dank deiner Wahrheit
Dank deinem Sinn

Dein Stachel schmeckt süß
Dein Schrecken ist Schönheit
Dein Zeitplan ist meiner
Dein Gott das bin ich

In mir ist dein Wirken
In uns ist dein Walten
In allem dein Wille
So sei denn was ist
Das Amen der Seele
Die wirkt und sich findet
Im großen Gewebe
So fahr denn dahin
Dahin wo du sein sollst
So leb deinen Sinn

Die Ewigkeit liebt dich
Sie ist der Abgrund der
Urgrund die Wiege
Sie nimmt dich an wie die
Mutter ihr Kind
Du bist ihr Licht ihre
Sonne ihr Schatten
Du bist ihr Sinnbild ihr

Herzblut ihr Wohnsitz
Du bist ihre Kraft ihre
Schönheit ihr Wissen

So öffne dein Herz deine
Sinne dein Werkzeug
Erkenne bekenne
Ich bin der ich bin

♥

Ich bin
In diesem Körper
Dein Sprachrohr
Du wirkst in mir
Und durch mich
Meine Seele liegt
Dir zu Füßen
In Ewigkeit

Gib uns die Kraft
Zu erkennen
Zu heilen
Zu sein in Deiner
Gewissheit in Deiner
Unermesslichen Gnade
In Deinem Willen
In Deiner Gestalt

Was richtig
Was falsch ist
Wer kann es ermessen

Du bist der du bist
Und alles ist
Weil es ist

♥

Bäume beten still
Die Zweige in den
Himmel rechend
Leidenschaft ist ihre Form
Im Winter flehend

Vögel singen Schafe blöken
Menschen gehen erst in
Die Knie wenn`s weh tut
Sie fordern wollen
Gieren ohne Einsicht

Das soll die Krone sein
Die Auserwählten
Die wissen herrschen
Richten quälen
Das soll ein Abbild sein
Von wem von was
Wozu weshalb

Das kann doch nicht
Gut gehen
Wer fordert wird hungern
Und wollen ist des
Leidens Anfang
Und gieren ist das
Tor zur Hölle

Was ist die Erde
Wenn nicht Mutter
Was ist der Himmel
Wenn nicht göttlich
Was ist die Seele
Wenn nicht ewig
Was bist du
Wenn nicht Verwandlung
Was ist der Tod
Wenn nicht Geburt

Schau in den Spiegel
In dein Gesicht
Was bist du und was
Bist du nicht
Was suchst du hier
Auf diesem Erdball
Der durch das All
Rauscht als
Spielzeug der Götter

Ein Schauplatz für Feste
Für Krieg und Verderben
Für Lust und Verheißung
Ein Richtplatz für Opfer
Ein Galgen für Täter
Ein Feuer für Verirrte
Ein Sarg für die Schwachen

Ein Prüfstein für Träumer
Ein Motor für Frust

Was soll aus dir werden
Wenn nicht das Erwachen
Das Beten der Bäume
Der Vögel Gesang
Ein Herz voller Liebe
Voll Demut und Lachen
Was willst du denn sein
Wenn nicht das
Was du bist

♥

Der Gott unsrer Väter ist tot
Der Gott unsrer Zeit ist
Ein Ohrwurm ein Henker ein Mörder
Ein Sturm eine Bombe

Je blinder wir werden vom Glanz
Des Goldes und blinkender Kotflügel
Um so tiefer trifft uns der Blitz
Dieser Verheißung die mit jedem
Tag neue Verwüstungen ans
Licht zerrt das unseren Herzen
Anstünde
Und nicht dem grandiosen Schauspiel
Der Vernichtung der Erde

Mensch
In dir entscheidet sich Schicksal
In dir endet Geschichte und
Zukunft ist dein Werk
Du bist der Ort zwischen Innen
Und Außen
Dein Sein ist die Zwischenstation
Die in beiden Richtungen wahrnimmt
Zur gleichen Zeit und handelt oder
Verweigert und Verantwortung
abschiebt
Du bist das Herz das zerbricht oder

Sich öffnet für die Wunder der
Wandlung

Was auch immer geschieht
Es gibt keine Rettung es sei denn
Du findest in dir die Offenbarung
Der Wahrheit und den
Schlüssel zu Himmel und Hölle
Denn Beides ist weil es ist
Und verzichtest auf Urteil und
Schnelle Erlösung
Sondern verrichtest das Werk
Des Erwachens um jeden Preis

Die Angst ist der Weg
Der Schmerz ist die Stufe
Der Atem ist die Kraft
Die dir zusteht
Werde ein Licht eine Botschaft
Ein Hinweis ein Tip für die
Die noch kommen und neben dir
steh`n
Und beuge dich vor den Prüfungen
Deiner Geschichte

♥

Wenn das Schweigen
Zu dicht wird
Fließen die Tränen
Wenn die Tränen fließen
Blutet das Herz

Wo bist Du
Gott oder Göttin
Um Eure Häupter
Weht das Verhängnis
Gnadenlos

Wer bin ich
In diesem Geschäft
Wer gibt mir die Kraft
Zu erwachen
Immer und immer wieder
Um dem zu dienen
Der mich erkannt hat
Dessen Hand ich
Sein darf
Zu handeln in
Seinem Namen

♥

Da wo die Zeit keine
Zeit hat
Da bin ich zu Hause
Da wo der Wind nicht
Weht wo die Sterne
nicht scheinen
Da wo die Stille ist
Da bin ich ewig
Unsterblich und
Herrlich
Ein Kind dieser
Schöpfung
Ein Alles und
Nichts

♥

Danke
Danke
Eine Rose blüht immer
Irgendwo

Hör auf zu suchen
Nach den süßen Verführungen
Des Irrtums und
Dem Wein der Erkenntnis

Der dich trunken macht
Und wie von Sinnen
Rasen lässt durch die
Orgasmen des Lichts
Das sich selbst
Übertrifft in
Der Stille

♥

Wer zu lange zögert
Dem rostet das Fahrzeug
Dem schwindet der Mut

Dein Herz rast vergeblich
Und fleht um Ausdruck
Und bricht wenn`s zuviel ist

In welcher Welt lebst du
Was sind deine Träume
Was Hoffnung und Streben

Vergeblich bangst du
Umsonst sind die Mühen
Du brichst dir das Kreuz

Was willst du erreichen
Was sind deine Ziele
Wo hortest du Reichtum
Wo Glück und Vertrauen
In wen und in was

Was du brauchst ist
Nicht außen
Ist nicht in der Zeitung
Im Fernsehen im Bett
Ist nicht in Thailand

Wo du auch hingehst
Du kannst nicht entrinnen
Du hast dich dabei

Du kannst es nur finden
In deinem Herzen
Das klopft und das klopft
An welche Tür denn

Im Vertrauen auf Wecker
Laut und vernehmlich
Die schmerzen und heilen
Im Wissen um Weisheit
Die irgendwann ausbricht
Durch Schock und durch
Einsicht durch
Leid und Verlust
Durch Sein in der Wüste
Durch atmen und fühlen

Du kannst es nicht sehen
Nicht nennen nicht rufen
Du musst es selbst sein

Mit ganzem Einsatz mit Mut
Und mit Sehnsucht
Nach dem was uns heilt
Nach dem was uns rettet

Nach dem was uns liebt

Du wirst es erfahren
Wenn du es nur willst
Mit der Kraft deines Herzens
Mit der Stimme in
Deinem Körper
Mit deinen Ohren
Die nichts vergessen

Den Klangraum der Seele
Sie kennt keine Grenzen
Sie kennt kein Tabu
Kein zurück
Kein Gebot keine Rechnung

Sie ist dein Schlüssel
Dein Kreuz und ist
Die Erlösung
Dein Weg und dein Glück

♥

Frauen sind Hexen
Die Sittsamkeit und Anteilnahme
Vortäuschen um bewundert und
Gefürchtet zu werden
Als die Hüterinnen des Herdes
Die die Familien zusammen
trommeln
Am Suppentopf der Treue
Und die Partner festnageln im
Bett der hingebungsvollen
Leidenschaft und der
Bedingungslosen Versprechung

Jedenfalls bis vor kurzem
Oder sich das Schwert umschnallen
Um Siegerin zu sein im Kampf
Um Vorherrschaft auf jeden Fall

Männer sind die Gockel
Die lauthals krähend ihren
Samen verspritzen müssen in
Aller Welt sowie die großen
Ideen und Pläne damit sie
Eingelassen werden in die Verließe
Der Lust die den Himmel versprechen
Im Namen der Sicherheit und der
Gesetze die die Hölle kreieren

Oder sie ziehen den Schwanz ein
Und vermeiden Krieg und Frieden
Aus Angst oder Hochmut oder weil
Sie große Meditierer geworden sind
Die nichts mehr angeht

Der Geschlechterkrieg ist unvermeidlich
Auf der Ebene des Machttauschs
Und die Liebe hat kein Haus im
Versprechen und keine Zeit
In der Verstrickung sondern
Wohnt in den Hallen des Friedens
Den wir erschaffen müssen
mit unserer Einsicht
auch wenn wir Federn lassen
Und die Flügel entwerfen müssen
Die uns in den Himmel tragen
Mit blutendem herzen und ohne
Maske und ohne Gesicht

Autonomie ist der Zustand der Seele
Im Licht des Bewusstseins
Authentizität ist die Zauberformel
Für die Begegnung von Seelen
Gnade ist das Geschenk der Götter
Im Zustand der Weisheit
Frieden ist der Weg ins Licht
Der Erkenntnis

♥

Wenn du gehst
Fließen meine Tränen
Vorbei, vorbei ist für
Immer

Aber irgendwo bin ich
Zuhause
Und du findest mich
In der ewigen Stille

So geh denn
Die Straße der Sehnsucht
Die Straße der Leiden
Die Straße der Schrecken

So geh denn
Und öffne dein Herz
Deine Augen
Dein Wissen

So geh denn
Unbeirrt weiter
So geh denn
Zu mir zu dir
So geh denn mit Gott

♥

Ich bin das Wort
Und ich bin die Tat
Und ich werde zur Wirkung

Ich bin das Fleisch
Und ich bin der Motor
Und ich werde zum Werkzeug

Ich bin die Seele
Und ich bin unsterblich
Und ich bin der ich bin

♥

Wer das Spiel mitmacht
Kann sich nicht retten
Wer sich raushält
Ist allein
Wer allein ist
Muss seinen Weg geh`n
Der Weg geht nach innen
Denn wo sollen wir landen
Wenn nicht in der Ewigkeit
Und was ist das

Nichtsein und dennoch
Aufgezeichnet für immer
Körperlos und dennoch
Anwesend im zeitlosen Raum
Der seinen Ort hat
Und sich festsetzt
In der Geschichte
Als Schicksal

Wie soll ich begreifen
Wenn mein Kopf nicht gemacht ist
Für die Moral der Natur
Und der Kraft kosmischen Waltens
Wo geht es hin in dieser Zeit
Grenzenloser Verwirrung
Und pausenloser Verwandlung
Wo nichts an seinem Ort bleibt

Und die Natur antwortet
Auf die Verbrechen gegen sie
Ohne Rücksicht auf die
Unschuld von Pflanzen Tieren
Steinen Sand Wasser Luft
Wolken

Herr vergib ihnen
Denn sie wissen nicht was sie tun
Vergib auch mir die nichts weiß
Außer um Gnade zu bitten
Für meinesgleichen und um die
Segnungen der Einsicht

♥

Kind
Mein geliebtes
Du Leihgabe Gottes
Du Wunder der Liebe
Mein Innerstes
Triffst Du
Wie nichts sonst
Empfindlich

Was immer Du tust
Wo Du hingehst
Und sein willst
Mein Herz ist bei Dir
In Bangen und Sorge

Ich weiß doch dass
Sein muss
was immer geschieht
Ich darf Dich nicht hindern
Ich muss Dich lassen
Dein Weg ist mir heilig
Auch der in die Irre
Ich bete für Dich

Was gut ist was falsch ist
Was weiß ich was heilt
was weiß ich von Dir
Als dass Du schön bist

Ein Licht in der Welt

Dank Dir Du Wesen
Das mich besucht hat
Mich fand in der Menge
Mich zeichnet und ehrt
Dank Dir für Herzleid
Für Herzfreud
Für Lehren und Einblick
Und Ausblick
Dank Dir für Liebe
Dank Dir für Dich

Geh Deiner Wege
Schau Dich nicht um
Nur wer sich meistert
Findet den Schlüssel
Nur wer sich findet
Findet den Sinn

♥

Wer sich öffnet
Segnet und wird gesegnet
Wer eingeht
In das Reich des Ewigen
Kehrt nicht zurück

Es sei denn
Er wird ausgesandt
Um zu sein
Unter den Hiesigen
Und zu offenbaren
Die Worte der Wahrheit
Ohne Versprechen ohne Krieg
Ohne Angst ohne Hoffnung

Denn wunderbar sind
Die Wege der Weisheit
Und wer sie finden will
Offenbare sich selbst
In der Sprache
Des Lebens

♥

Mutter
Du hast mich gerufen
Ich bin dir gefolgt
Dein Körper trug mich

Mutter
Du hast mir den Weg gezeigt
Hast mich gezeichnet
Gesegnet geprägt

Mutter
Du hast dich geopfert
Dich selbst übertroffen
Verewigt verschenkt

Mutter
Die Saat ist aufgegangen
Die Rose blüht
Ich gebe sie weiter

Mutter
Du Ruf in der Nacht
Du Brunnen du Glut
Du Hüterin ewiger Weisheit

Mutter
Auch wenn du
Gestrauchelt bist

Ich sah dich aufsteh`n

Mutter
In deinen Fesseln
Singt die Geschichte
Ich traf deine Seele

Dank sei dir Mutter
Noch bist du mir
Auf den Fersen
Du die ich einlud
Bei mir zu bleiben
Um Glück zu begegnen
Das du gesucht hast in
Deiner Geschichte
Vergeblich

Mutter
Stellvertretend für
Gottheit und Erdgeist
Für Sinn und Erfahrung
Trunken von Trauer
Singend vor Glück

Siehe
Da ist nichts mehr
Außer Herzschlag
Atmen und fließen

Da ist nur Präsenz
Unterschiedslos einfach
Herrlich und ewig

♥

Vater
Mein erster Geliebter
Dem ich die Treue geschworen hab
Bis zum Tod

Vater
Du Krieger auf dem
Pfad der Verheißung
In Nebel und Nacht

Vater
Du Sinnbild von Sinn
Und von Hoffnung
An welcher wir scheitern

Vater
Du Sieger
Auch noch als Verlierer
Die Stirn auf der Erde

Vater
Du Vorbild du Lichtblick
Du Reiner auch in
Der Hölle der Zweifel

Dank sei dir Vater
Noch bist du in meinem
Gemüt

Mein Geliebter
Eingeweiht von der Geschichte
Erniedrigt verdammt
Verspottet verachtet
Und auferstanden wieder

Auf glühenden Kohlen
Gehst du tanzend
Die Straße der Liebe

Siehe
Ich folge dir

♥

Wer wider die Sache ist
Das ist der Widersacher
Du bist es selbst
Und nicht der Teufel

Leibhaftig das bist du
Am Leibe haftend
Was ist denn dein Streben
Wenn nicht Erwachen
Was ist dein Ziel
Wenn nicht Befreiung
Was ist dein Werk
Wenn nicht das leben

Des Wesens Kern
Das bist du
Du bist der Spiegel
Der Acker der Weg die Schneise
Die Brücke der Sturm
Du bist es selbst
Gott in der Maske des Körpers
Gott im Gewand der Verwicklung
Gott in der Hölle des Zweifels
Gott im Licht der Erkenntnis
Gott im Vertrauen
Gott in der Liebe

Arbeite bete geh deiner Wege

Sei deine Stütze dein Hammer
Dein Acker sei deine Lust

Am Ende der Tage beginnt die
Stern-Nacht die Ewige Herrliche
Geh heim zum Geheimnis
Du wirst es ergründen
Arbeite bete und werde wach

♥

Da wo die Zeit keine
Zeit hat
Da bin ich zu Hause
Da wo der Wind nicht
Weht wo die Sterne
nicht scheinen
Da wo die Stille ist
Da bin ich ewig
Unsterblich und
Herrlich
Ein Kind dieser
Schöpfung
Ein Alles und
Nichts

♥

Erst wenn es zum Himmel schreit
Werden wir wach
Erst wenn es zum Himmel stinkt
Werden selbst Götter stutzig

Als ich geboren war
Wusste ich wo Gott wohnt
Dann musste ich ihn vergessen
Um zu lernen den Gesetzen
Der Menschen zu folgen

Wo sind wir gelandet
Welche Sonne scheint uns noch
Welcher Stern führte uns in die
Verließe des Wahnsinns

Wo bist du Wahrhaftigkeit
Wo bist du mein Weg
Der mich weisen soll in die
Arme der Götter

Gib mir Antwort mein Herz
Dem jede Stunde schlägt
Die in die Wirklichkeit führen kann
Wenn wir lauschen und fühlen

♥

Wenn es hell wird
In meinem Herzen
Leuchtet mein Auge auf
Das in die Zukunft schaut
Wie in die Welt des
Vergangenen
Und die Zeit ist ohne Belang
Nur ein Faktor der uns hindert
Zu sein in der Wahrheit
Und mein Körper wird leicht
Und zerbrechlich und
Leuchtend und zittert
Wie die Flamme im Wind
Der aus den Tiefen des Raums
Unsere Erde bewegt und begleitet
Und lenkt

Atem der Ewigkeit
Die Worte versiegen in
Meinem Mund und werden
Zu Licht in deinem Namen

♥

Wenn ich aufsteigen will
Ins Licht
Kann ich stürzen
Wenn ich warte bis es
Mich erreicht hat
Werde ich sehend

Zeiten reifen zur Ewigkeit
Jetzt und immer tagaus tagein
Es kommt was sein will
Und bleibt was ist
Ewig

Meiner Seele sei gnädig
Herr der Zeiten
Mein Leib sei dir Wohnstatt
Dein Pulsschlag mein Herz
Mein Tag sei der deine
Dein sei meine Nacht
Mein Mund deine Stimme
Dein Wissen mein Lied
Und Gnade lass walten
In meinem Gemüt

♥

Ihr alle
Die ihr mitwirkt und
Mitgewirkt habt
Am Werk der Schöpfung
Ob als Opfer oder Täter
Als Unschuld oder
Schuldbeladen

Ihr alle
Die ihr gelitten habt
Und leidet im Schweiße
Eures Angesichts

Ihr alle
Die ihr euren Weg gehen müsst
Und gegangen seid vom Anfang
Zum Ende vom Morgen zum Abend
Und wieder zum Morgen

Ihr alle
Auf der Suche nach Sinn
Nach Erkenntnis nach Gott
Nach Erlösung nach Heil

Und gestolpert seid und
Stolpert über die
Verführungen der Erde
Über Erfolg Besitz Ruhm

Macht und die Tröstungen der
Begegnung der Umarmung der
Freundschaft der Liebe

Euch allen sei Dank
Für die Lehren die mir
Zuteil wurden und für die
Einsichten die ihr gewährt
Habt mit eurem Sein
Das den Reichtum präsentiert
Mit dem wir ausgestattet sind
Und uns begegnen und
erkennen dürfen und
Uns miteinander öffnen
Für die Segnungen
Der Erde

♥

Ich komme von Gott
Ich gehe zu Gott
Ich bin ein Teil von Gott
Alles ist Gott
Auch das was schmerzt
Uns ekelt und Angst macht
Seine Stimme ist die Stimme
Der Wirklichkeit
Sein Atem ist der Atem
Der Erde
Seine Schönheit ist
Mein Körper dein Körper
Dank sei dir Schöpfung
Dank sei dir Mensch
Der mir begegnet
Dank sei dir Zeit
Die uns prägt
Dank sei dir Ewigkeit
Die uns auffängt
Wenn die Stunde schlägt
Dank sei dir der du bist
In allem was ist
War und sein wird

♥

Jahreszeiten der Seele
Lebensalter sind
Unvermeidlich
Wie Sommer und Winter
Auch der Schnee
Hat seine Wunder
Unter der Decke aus
Schimmernder Kälte

Wer sagt denn
Dass wir bleiben müssen
Wo die Schule uns
Aufgestellt hat

Wer sagt denn
Dass Recht hat
Was poltert
Dass Licht nur schön
Ist und Schatten
Gefährlich

Wer sagt denn dass
Suchen schmerzt
Wenn doch heimkommen
Zum Selbst wird
Und zittert
Und der Spiegel sich
Aufstellt vor unsrer

Stirn und das Antlitz
Des Gottes uns anstarrt
Aus unsren geblendeten
Augen
Unwiderruflich nackt
Und verheerend für
Masken und Mimikris

Tanzend wie Feuer
Das alles begeistert
Singend wie Wind
Der alles verwirrt
Und vorantreibt
Fließend wie Wasser
Das alles verteilt was
Widerstand leistet
Schweigend wie Erde
Die alles begräbt
Um sich zu erneuern

Wer nicht lernt
Bleibt ohne Gewiss-sein
Wer sich verschließt
Verkümmert in Kellern
Wer sich verhütet
Verstört die Antennen
Wer sich aufspart
Wird wertlose Währung

Wer sich vergisst
Verwüstet den Sinn

Wenn auf dem Gipfel
Das Licht wohnt
Haust im Tal das
Geheimnis
Und die Schatten
Fordern uns auf
Uns selbst zu
Entzünden

So werde zu Feuer
Zu Wind zu Wasser
So werde zu Erde
Und handle nach
Deines Herzens Gewinn
Denn es kennt
Die Zeiten der Liebe
Die Zeiten der Reife
Die Zeiten der Weisheit
Denn es kennt
Den Weg von
Beginn zu Beginn

♥

Wo die Zeit keine Zeit hat
Wo der Tod nicht droht
Wo die Nacht wie der Tag ist
Wo alles zugleich und nirgends
Und irgend besteht unvergänglich
Wo wir uns begegnen
Erkennen und eins sind

Das lass uns erinnern
In Stunden der Schmerzen
in Stunden des Weh`s
Der Klage der Täuschung
Erinner` in Stunden des Glücks
Das nichts verspricht
Als Verwandlung

Denn was bleibt ist die
Ewigkeit wo das Wort
Fleisch wird und das Fleisch Wort
Und die Kulissen verschwinden
Und ans Licht kommt
Was ist
War
Und sein wird

♥

Jerusalem
Heiligste aller Städte
Warum wehrst du dich nicht
Warum erlaubst du den Wölfen
Dich zu zerfleischen
Oder ist es so dass du
Den Schutz der Götter genießt
Die dich erkoren haben
zu ihrer Hauptstadt
Und darauf warten
Dass die Völker
Die Heiligtümer tauschen
Im Namen der Weisheit
Und des Gesetzes
Und ein Beispiel geben
Für Frieden ohne Gewalt

Das Alphabet muss
Gefunden werden
Das man nicht kaufen kann
Nicht verwässern noch manipulieren
Das den Namen ausspricht
Der niemals genannt
Sich endlich preisgibt
Dem Erwachen
Lasset uns suchen

♥

Auf der Lauer
Liegen die Herrscher
Die alles bestimmen und
Regulieren wollen
Zu ihrem eigenen Lob und
Zum Lob ihres Volkes

Auch in deinem System
Ist einer fleißig
Der regulieren will und
Die Stimme des Herzens
Zum Schweigen verdonnert
Oder besänftigen will
Mit schlauen Sprüchen
Und leeren Versprechungen

Es wird schon wieder
Ist ein Spruch der den
Sterbenden aufhält und den
Sucher zurückholt in die
Regeln und Gesetze
Verflachender Logik
Und die Götter verzaubert
In Heroen des Fußballs
Und Schönheit und Jugend
Und die Seele verdammt zu
Tödlichem Schwachsinn
In Fesseln des Fortschritts

Und Chimären der Sicherheit
Amen

Aber auch das ist
Absicht der Schöpfung
Die einfach nur zuschaut und
Wartet ohne Urteil noch Lohn
Bis du dir die Nase blutig
Schlägst und aufhörst
Zu stolpern

Entscheiden musst du
Worauf du dich einlässt
Wo ein Gott ist
Ist auch ein Teufel nicht weit
Und du steckst in der Tinte
Auf jeden Fall irgendwann
Unausweichlich

Kind dieser Welt und
Dieser Geschichte
Lass dich nicht fangen
Schlaf nicht ein
Vergiss deine Träume
Und mach keine Pläne
Die über die nächste
Kreuzung hinaus geh`n

♥

Das Kreuz ist die Hürde
Der Ort der Entscheidung
Hier treffen sich Welten
Und Himmel und Hölle
Und Geist und Natur
Hier musst du wählen
Hier wartet die Antwort
Denn du bist der Weg und
Du bist die Wahrheit
Und du bist das Zeugnis

So sei deiner würdig
Und folge dem Ruf
Deiner Mitte

♥

Wer zu lange zögert
Dem rostet das Fahrzeug
Dem schwindet der Mut
Dein Herz rast vergeblich
Und fleht um Ausdruck
Und bricht wenn`s zuviel ist

In welcher Welt lebst du
Was sind deine Träume
Was Hoffnung und Streben
Vergeblich bangst du
Umsonst sind die Mühen
Du brichst dir das Kreuz

Was willst du erreichen
Was sind deine Ziele
Wo hortest du Reichtum
Wo Glück und Vertrauen
In wen und in was
Was du brauchst ist
Nicht außen
Ist nicht in der Zeitung
Im Fernsehen im Bett
Ist nicht in Thailand
Wo du auch hingehst
Du kannst nicht entrinnen
Du hast dich dabei

Du kannst es nur finden
In deinem Herzen
Das klopft und das klopft
An welche Tür denn
Im Vertrauen auf Wecker
Laut und vernehmlich
Die schmerzen und heilen
Im Wissen um Weisheit
Die irgendwann ausbricht
Durch Schock und durch
Einsicht durch
Leid und Verlust
Durch Sein in der Wüste
Durch atmen und fühlen

Du kannst es nicht sehen
Nicht nennen nicht rufen
Du musst es selbst sein
Mit ganzem Einsatz mit Mut
Und mit Sehnsucht
Nach dem was uns heilt
Nach dem was uns rettet
Nach dem was uns liebt

Du wirst es erfahren
Wenn du es nur willst
Mit der Kraft deines Herzens
Mit der Stimme in

Deinem Körper
Mit deinen Ohren
Die nichts vergessen
Den Klangraum der Seele
Sie kennt keine Grenzen
Sie kennt kein Tabu
Kein zurück
Kein Gebot keine Rechnung
Sie ist dein Schlüssel
Dein Kreuz und ist
Die Erlösung
Dein Weg und dein Glück
♥

Innen ist es warm und dunkel
Außen ist es kalt und hell
Innen ist Frieden außen ist Krieg
Wenn wir das Dunkel erhellen
Und Wärme weitergeben
Wird auch draußen Frieden

Wer den Überblick haben will
Muss den Berg ersteigen
Wer das Dunkel erhellen will
Darf sich nicht schämen
Wer klar sein will
Darf sich nicht fürchten
Wer schön sein will
Muss sich zeigen
Wer sich finden will
Werde leer

♥

Der Künstler
Kommt nicht in den Himmel
Seine Ansprüche verbrauchen
Den Frieden
Immer hungriger wird
Seine Einfalt und
Zerfrisst was den
Himmel trüge

Erst wenn das Produkt
Zur Anrufung wird
Kann seine Seele den
Kreistanz beenden
Und auf dem Pfeil reiten
Den sie abgeschossen hat
Um Leid zu benennen
Den Pfeil der das Herz trifft
Das um Einsicht ringt
Statt um Erfolg

Gebe der Himmel
Dass dieser Tod vorher
Eintritt ehe die
Nacht beginnt und die
Schatten das Haus
Verdunkeln in dessen
Kellern die Nahrung wartet
Für die Nacht der Seele

♥

Auch jenseits von Eden
Blühen die Gärten
Und die Bäuche füllen sich
Und gebären was Not tut

Tag für Tag Nacht für Nacht
Ohne Unterlass wirken und
Werken die Triebe
Die Früchte brauchen
Statt Trauer
Und Wollust statt Leid

Das Paradies entlässt
Seine Kinder wenn
Sie reif sind zu handeln
Und Antworten geben
Auf die Fragen der Teufel
Nach dem Sinn
Ihres Daseins
Und sich selbst erkennen
Als die Abgesandten
Des Lichts
Und der Finsternis
Die das Licht hütet

♥

Auch der Irrtum ist Gnade
Auch Gewalt und Totschlag
Sind die Sprache Gottes
Der zuschlägt wenn wir
Nicht hören wollen
Sondern uns eigenhändig
Rächen an Unschuld und
Niedertracht Aug` um Auge

Wer die Macht hat
Auf diesem Planeten
Kommt in die Hölle
Wenn die Geduld des Himmels
Sich wandelt in Finsternis
Doch wer sich der Ohnmacht

Überlässt ohne zu handeln
Nach den Gesetzen der Wandlung
bleibt auf der Strecke
Denn das Erbarmen
Der Schöpfung wartet
Auf unsre Entscheidung

♥

Je mehr du kämpfst
Um so enger wird deine Rüstung
Je mehr du strampelst
Um so kürzer werden deine Beine
Je mehr du dich sorgst
Um so geringer wird dein Glück

Schritt für Schritt setz deine Füße
Atem für Atem gib dir Raum um
Ausschau zu halten nach den Kanälen
Die in die Katakomben führen in
Denen die Wunder begraben sind
In den Wunden und den
Geheimfächern
Deines Herzens das sich verweigert
hat
Den Prüfungen dieser Welt

Aber du weißt dass du suchen musst
Und finden wirst wenn du los lässt
Von den Stricken der Sicherheit und
Den Ambulanzen billiger Tröstung
Du weißt dass die Stunde kommt
Der du nicht ausweichen kannst
Dass der Engel anklopfen wird
An der Tür deines Kerkers

Der Engel dem du die Gewänder des

Vergessens verpasst hast in den
Stunden der Niederlage der
Schmerzen
Des Verzichts und des Zweifels
Der Engel der in dir wartet und
Den du verleugnet hast vor den
Augen der Nachbarn und den
Mächtigen dieser Erde

Wann willst du deinen Augen
erlauben
Zu sehn deinen Ohren zu lauschen
Deiner Stimme den Atem geben für
die
Botschaften die keinen Namen haben
Sondern hereinbrechen wie Gewitter
wie
Unfall wie Krankheit wie Entsetzen
Wie Telegramme aus anderen
Wirklichkeiten
Und vernichten was keinen Boden hat
Und verbrennen was ohne Saft ist
Und ertränken was nicht fliegt

Die Angst ist der Weg
Da musst du durch auf biegen und
Brechen deshalb bist du geboren
Dafür sollst du da sein um

Zeugnis abzulegen dass das Licht
Aufblühen kann in deinem Herzen
und
Die Geschicke dich nichts mehr
angeh`n
Sondern zu Stufen werden die
Hinauf führen in die Gefilde der
Seeligen die das Angesicht
Der Gottheit schauen das sich in
Ihren Herzen spiegelt

♥

Wo bist du mein Engel
Sprich zu mir mein Traum
Verlass mich nicht
In der Stunde meiner
Verwirklichung

Aber lass es gescheh`n
Wie du es willst
Und nicht wie mein
Widerstand es züchtet
Und mein Herz es ersehnt
Und beschwören will

Denn wer bin ich
Dass ich träumen darf
Dass ich wissen soll
Dass ich bleiben kann an
Dieser Stelle des Glücks
Das mir leuchtet in der
Stunde der Wahrheit

Es gibt kein Verweilen
Noch Sinn noch Unsinn
Der sich nicht wandelt
Von einer Stunde zur andern

Am Baum der Erkenntnis
Faulen die Früchte

Für die wir nicht reif sind
Und zu Asche wird was einst
Blühte und glühte im Feuer
Der Leidenschaft
Jener Kraft die
Uns liebte

Gethsemane
Garten der Prüfung
Garten der Tränen
Garten der Einsicht
Im Land unsrer Sehnsucht
Nicht Judas ist es
Der uns verraten hat
Sondern der Engel der die
Wirklichkeit ans Licht zerrt
Um den Augenblick zu erkennen
Als den Sinn unsres Daseins

Um die Ewigkeit zu erfahren
Im zeitlosen Schwingen
Der Schöpfung
Um zu begreifen dass Wandlung
Die Blume der Seele ist
Die sich ergeben hat
Den Offenbarungen der
Luciden Stille

♥

Irgendwo nirgendwo
Immer und nie
Bereit und unsterblich
Bleich und verschlissen
Schön und gewaltig
Herrlich und schrecklich
Morgen wie gestern
Dennoch lebendig
Dennoch im Licht
Dennoch im Leiden
Dennoch im Glück

Wo bist Du Gott
Wo bist du Vergessen
Wo ist dein Gesicht

Tausend Gesichter
Leuchtend und finster
Je nach dem Stand
Der inneren Sonne
Je nach dem Stand
Tiefen Gewiss-seins
Je nach den Zeichen
Der Zeit
Der Zeichen des Himmels
Den Zeichen der Weisheit

So folge der Stimme

In deinem Herzen
Irgendwo nirgendwo
Ist der Weg
Du gehst ihn fühlend
Zitternd und lächelnd
Blind und verwegen
Du gehst ihn
Du gehst ihn
Du gehst ihn
Zu dir

♥

Fünf ist die Zahl des Gesetzes im
Menschlichen Körper
Zehn ist die Zahl der Vollendung
Und des Geschicks das wir aus den
Anonymen Schichten des Seins
Unbewusst und mit Eifer entwickeln

So sind unsre Finger die Diener der
Unschuld
Die sich im Handeln verstricken und
beten
Lernen müssen vor dem Altar der
Vergebung
Und sind die Vollstrecker der Lust
die sich
Versteht als die Schule der Weisheit
Und sind die Händler die alles
verraten
Nur nicht sich selbst und die
gebunden sind
Wenn wir sie fesseln und
verkümmern
Im Ansturm der Zweifel

Die Entscheidung steht an in jeder
Sekunde
Wer sich verweigert für den wird
entschieden

Da hilft kein Gericht kein Jammern
kein Klagen
Kein Zetern kein Schreien kein Witz
und kein
Wehren da hilft kein Freispruch von
Schlauen Instanzen da hilft nur
Sich öffnen und es vertreten

Wir machen uns schuldig aus Angst
zu missfallen
Wir reden schön aus Sehnsucht nach
Liebe
Und in den Adern sammeln sich die
Granaten
Die uns selbst zerstören statt das
Entsetzen
Das in den Eingeweiden schlummert
und das
Grab schon fertig hat für den
Verschweiger

Aber wer sich entscheidet der handelt
im
Auftrag der Schöpfung und wer sich
zeigt
Der prägt das Gesicht der
Verwandlung

Die uns den Weg bereitet in die
Begegnung
Von Seele mit Seele von Geist mit
Geist

Von Körper mit Körper von Mensch
mit Gott

♥

Ob Engel ob Dämon
Ob Bilder ob Worte
Ob Sünde ob Segen
Ob Teufel ob Gott
Richter bist du und Vollstrecker
Täter und Opfer zugleich
Sendend und nehmend und fühlend
Leidend und wirkend und hilflos

Ob Fluch oder Segen
Ob Glück oder Leid
Ob Schuld oder Unschuld
Ob Dunkel ob Licht
Du sitzt in der Falle
Du kannst nicht entrinnen
Du wirst nicht verschont
Du wirst nicht entschuldigt

Das Leben beenden
Das ist nicht der Ausweg
Der Weg in die Klarheit
Ist Prüfung ist Sendung
Der Weg in die Unschuld
Ist der deines Herzens
Der Frieden bedeutet
Und nirgendwo endet

♥

Liebe ist der Urzustand
Der Seele
Die ausgesandt wird von
Der Schöpfung um Gestalt
Anzunehmen nach dem Motto
Und das Wort ist Fleisch
Geworden und hat unter
Uns gewohnt
Und sie entzündet sich selbst
An der Feuern die da Wache halten
An den Orten der Schmerzen und
Der Sehnsucht nach Erlösung
Um Licht zu werden in den
Dunklen Nächten der Seelen die
Da suchen und finden wollen
Und finden
Wenn die Knie nicht mehr
Durchhalten auf biegen und
Brechen und sich ergeben
Dem Strom der Ewigkeit
Der alles bewegt und segnet
Was sich erkannt hat
Und heim holt was liebt

♥

Soeben
Und schon vorbei
Ein Hauch
Ein Donnerschlag
Ein Kuss
Eine Falle

Fragen schwirren
Wie Mücken und
Unaufhaltsam
Wehen die Fahnen
Wie's ihnen g`rad
Einfällt
Mal so mal anders
Die Richtung ist
Schnuppe
Und dennoch
Verhängnisvoll
Dennoch verwirrend
Dennoch bestimmend
Dennoch im Einklang
im Ausklang
Im Wiederhall und im
Vergängnis

Was bleibt
Ist die Rose
Ihr Bild ihre Wirkung

Im ewigen Ausdruck
Im Nichts
Im verweilen
Im samtigen Fühlen
das stirbt
Und geboren wird
Stirbt
Und aufersteht
Stirbt und
Verwirklicht

Den Hauch
Den Donnerschlag
Den Kuss und
Den Engel

♥

Die dunkle Nacht der Seele
Der lange Weg durch die Finsternis
Der lange Weg durch das Leid
Warum hast du mich verlassen Gott

Allein wandert meine Seele durch die
Schrecken
Auch die Geliebten sind fern
Wo bist du Jesu wo Buddha wo Osho
Wo bist du Mutter die mich in die
Welt warf wo bist du Vater dem ich
die
Treue geschworen hab bis zum Tod
Wo seid ihr meine Kinder meine
Innigst geliebten meine Freunde

Jeder auf seiner Straße getreu
Seinen Auftrag blind tastend nach
Wahrheit
Unter der unerbittlichen Peitsche der
Natur die erbarmungslos und
ungerührt
Ihren Tribut eintreibt

Du musst dein Fleisch opfern deine
Schönheit deine Hoffnung
Du musst nacht antreten vor den
Toren

Der Ewigkeit
Keine Faser Erdenschwere an deinem
Wesen
Deine Seele ein Resonanzboden für
Licht und Finsternis sonst nichts
Keine Erinnerung an Ruhm oder
Besitz und
Die Verführung der Welt

Hingabe an das Unbekannte wo ist
dein
Lachen
Dies unbeschwerte Vertrauen wo sind
deine
Füße wo deine Flügel
Stufe für Stufe erklimmst du
kriechend
Und der Schrei in deiner Kehle
versiegt

Suchet so werdet ihr finden klopfet an
So wird auch aufgetan
Du suchtst erst wenn du siehst dass
du
Selbst bist und hast dich ein Leben
lang
Verkannt
Nur in den seltenen Augenblicken der

Einsicht leuchtet das Wissen auf
Dass nichts umsonst ist
Sei getrost

Bete und arbeite wie deine Väter alle
Und sing das Wiegenlied deiner
Mütter
Für die blühende Vergänglichkeit
Für das was erwachen will um
Unterzugehen
Wissen wir auch nicht wozu
Noch wohin

♥

Herr der Welten
Unsichtbarer
Du Licht in der Finsternis
Du Geheimnis Du Heimlicher
Du Feuer Du Schwert
Du Stille Du Sturm

In meinem Herzen bist Du
Auch als Mörder und Henker
Als Krieger als Nacht
Als Zerstörer

Willkommen wie immer Du
Waltest
Was immer Du zeigst
Was bin ich ohne Dich
Du so klein so groß
So gering so gewaltig
So unaussprechlich und dennoch
In jedem Buchstaben deutlich

Bleibe bei mir du Diamant
Alles bist Du alles gehört Dir
Du kannst mich nicht täuschen
Ich folge dir nach
Auch wenn ich nicht weiß wohin
Und wozu

Vater Mutter Kind Schwester Bruder
All ihr Lebendigen hört auf das Wort
Hört den Gesang
Reicht euch die Hände gebt
Euch den Kuss des Verräters
Denn nichts darf verborgen sein
Damit sich verwandeln kann
Schmerz in Erfahrung
Leid in Erkenntnis
Angst in Bewusstsein

Offenbare dein Innerstes
Denn das Gesetz sagt
Ich bin der ich bin

Beuge dein Knie neige dein Haupt
Vor deiner Wahrheit
Und folge dem Ruf
Deines Herzens

♥

Über dem Meeresspiegel
Unter dem Meeresspiegel
Das sind die Spiegel der Seele

Wer bin ich im Licht der Sonne
Wer im Schatten der Fluten
Oben ist es schön und ich
Kann mich verlieren im Garten
Der Lust und der Rollenspiele
Unten hausen die Ungeheuer
Je tiefer um so mehr lösen sie
Die Gesetze auf die wir selbst
gemacht haben um zu siegen

Dennoch, dennoch
Du kannst nicht entflieh`n
Kein Raumschiff erlöst dich
Kein Galgen beendet die Leiden
Kein Gott greift ein

Es sei denn du selbst nimmst
Die Zügel und schwingst die
Peitsche über deiner eigenen Unlust
Dann werden die Ungeheuer
zu Engeln und die Fluten zur Wiege
Die die Weinenden trösten und
Den Trauernden neue Gewänder
nähen

Die den Sündern vergeben und
Die Liebenden heimführen
in die Gefilde der Seligkeit
Die den Schatten nicht kennen
Und bei sich selbst landet
Ohne Zweifel

♥

Mein Sieg ist die Stille
Mein Schrei ist die Unschuld
Mein Schmerz ist die Glocke
Mein Herz ist die Tiefe

Lass fliegen die Vögel
Die Würmer lass graben
Die Löwen lass brüllen
Den Schmetterling flattern

Dein herz lass sprechen
Der Himmel ist Zeuge
Du bist dein Richter
Du bist dein Sieg

♥

Nicht ins Licht steigt meine Seele
Sondern die Dunkelheit fängt sie auf
Und lässt sie sinken in die Tiefen
Des Universums wo sie ein Stern
wird
Ein Feuer ein Lichtpunkt unter den
Anderen Lichtern die ihre Bahn
zieh`n
Nach den Gesetzen der Schwerkraft

Da bin ich zu Hause da bin ich richtig
Da kann ich sein was ich sein soll
Unter den Boten des Lichts

Selbst Botschafter zu sein ist der
Auftrag den jede Seele ereilt wenn
Sie eintaucht in die Ebenen der
Wahrheit die dem Entsetzen folgen
Das die Wege ebnen soll für die
Segnungen der Klarheit

♥

Wie oben so unten
Wie innen so außen
Wie Gott so Teufel
Wie du so auch ich

Jede Sekunde
Hat einen Auftrag
Jede Antwort
Hat ein Geschütz
Jeder Atemzug
Hat einen Aufschrei
Jeder Herzschlag
Ist ein Verzicht

Seele du Reine
Du mein Gefängnis
Mit Stäben aus Salzstein
Aus Tränen gewonnen
In Nächten der Prüfung
Gib mich jetzt frei
Zeit du gewaltige
Zeit du Verführung
Zeit du Verschwenderin
Göttlichen Wirkens
Öffne die Tore
Öffne den Himmel
Öffne die Schönheit
Des jüngsten Gerichts

♥

Meine Seele lebt
Mein Körper ergibt sich
Dem Wandel
Meine Seele ist Dein
Herr der Welten
Mein Körper ist Dein
Mutter der Erde
Meine Seele singt
Mein Körper bittet
Um Gnade
Noch einmal
Lass mich dich fühlen
Auf meiner Haut
Wind der Geschichte
Sturm der Leidenschaft
Licht der Erkenntnis

So bin ich noch hier
Um zu ernten
Was gesät wurde
In meinem Fleisch
Segen und Gnade und
Die Sicherheit des
Nichtwissens und die
Gewissheit des Wandels
Ewig

♥

Drunter und drüber geht`s
Wenn du verliebt bist
Vorne und hinten
Dasselbe Theater
Da gibt`s kein Entrinnen

Wo soll das hingeh`n
Wo landen
Wo aufbrechen zu
Neuen Ufern und
Neuen Gestaden

Gibt`s die überhaupt
Oder sind wir verdammt
Dahin zu dämmern im
Sumpfland der
Sensationen des Körpers
Der verrückt spielt
Und seine Zeit für
Gekommen glaubt
Diktatorisch und
Absolut irdisch

Gewiss
Es entbehrt nicht der
Schönheit und die
Aussichten auf Dauer
Halten uns wach

Aber Achtung
Hoffnung macht blind
Und Gefühle sind sterblich
Gott sei`s gedankt
Und auf die Nase fällt
Wer sich brüstet

Verliebt sein ist der
Wahn der sich
Von selbst erledigt

Was bleibt
Wenn du Glück hast
Ist die Begegnung
Von Seelen
Dafür musst du sorgen

Denn Liebe ist der
Zustand der Seele in
Urform und
Ohne Bedingung noch Anseh`n
Noch Ausseh`n
Und ohne Erwartung
Noch Hoffnung
Noch Sieg

♥

Dies ist die Geschichte eines
Menschen
Der so gern ein Mensch geworden
wäre
Sie ließen ihn nicht
Sie verdarben ihm die Erfahrung
Seines eigenen Körpers
Und nannten es Erziehung
Sie schicken ihn in eine Schule
Und nannten es Bildung
Sie kastrierten seinen Verstand
Und nannten es Logik
Sie lehrten ihn Schliche Unredlichkeit
Lüge Betrug und Prostitution
Sie lehrten ihn nicht die Liebe
Sie lehrten ihn nicht die Liebe

Dies ist die Geschichte eines
Menschen
Der so gern ein Mensch geworden
wäre
Sie erlaubten es nicht
Sie unterwarfen ihn
Und nannten es Treue
Sie beuteten ihn aus
Und nannten es Demut
Sie stärkten seinen Eigensinn
Und nannten es Stolz
Sie versprachen ihm Vaterland

Polizeischutz Währung
Kredite und Kindergeld
Sie liebten ihn nicht
Sie liebten ihn nicht

Dies ist die Geschichte eines
Menschen
Der so gern ein Mensch geworden
wäre
Sie verhinderten es
Sie machten ihm Kleider und
Nannten sie schön
Sie gaben ihm Essen
Und nannten es gesund
Sie dachten an seiner Stelle
Und nannten es Freiheit
Sie schrieben ihm vor wie man geht
Wie man frisst wie man schläft
Wie man fickt
Sie ließen ihn nicht leben
Sie ließen ihn nicht leben

Der Mensch der so gern ein Mensch
Geworden wäre hatte keine Wahl
Und als er seine Lage erkannte
Da war er nicht aufzuhalten
Da war er nicht aufzuhalten

♥

Wenn die Mauer
Zerbricht
Die das Meer gezügelt
Hat bis zur Stunde

Wenn die Wand
Zerbricht
Zwischen dir und mir

Dann begegnen sich
Welten
Und Tiefen
Reißen auf und
Reißen nieder was
Keinen Bestand hat
Und was ist
Offenbart sich
In reinster Gestalt

Sternstunden folgen
Den Stürmen
Und Stürme folgen
Dem Frieden
Die Gesetze des Seins
unermesslich und unergründlich
Verwalten den Sinn

Auch wenn die Tränen

Das Lachen verhindern
Und dein Gelächter
Die Trauer erschreckt

Lass dich ein und
Du wirst eingelassen
Lass dich sein
Und du wirst frei

♥

Ohnmacht
Oder Hingabe
Leiden
Oder loslassen
Das ist die
Entscheidung
♥

Schwarzen Sand
Auf der Haut
Nur für mich
Aus dem Innern
Der Erde geworfen
So wie ich geworfen
Bin um zu sein
Hier und ewig
In jeder Gestalt

Mit Augen die
Sich selbst nicht sehn
Mit Ohren die
Nicht hören
Mit Worten die sich
Selbst nicht verstehn

Dennoch lebendig
Dennoch liebend
Dennoch in Einklang
Mit dir
Mit dir

♥

Meer sprich zu mir ich bin einsam
Meer hilf meiner Seele zu lieben
Meer gib mir Kraft zu sein
In Deinem Reich sind Macht
Und Ohnmacht zu Hause
Und die Dinge mischen sich
Wahllos in unaufhaltsamer Fülle

Ich aber steh am Ufer und warte
Auf Rettung aus Seenot
Und will selbst die Dürstenden retten
Und die Schwimmenden warnen
Ich selbst in Not und an der
Grenze des Wahns der mir vorspielt
Was sein könnte wenn

Sprich zu mir Meer ich bin traurig
Schön und ohne Alter zeigst Du dich
Meinem Herzen
Das brechen will und zerschellen
An den Runen meines Gesichts
Die die Verließe meiner
Sehnsucht sprengen

Du Teufelsgebräu das meine Lippen
reizt
Sich zu spitzen und die verfluchen
möchten

Den Auftrag der Sterne die nächtens
Mein Bett bewachen
Und drauf warten zu wirken

Aber was ist schon die Finsternis
was sind schon die Schrecken der
Hölle
Gegen dich du Schrecken des Lichts
Das sich selbst durchdringt
In haltlosem Wirken
Mit den Strahlen der Klarheit und
Der Vergeltung des Schicksals
Das alles besiegt und verschlingt
Was flüchten will und sich fürchtet

Meer mit dem Donner deiner
Rollenden Wucht mit der du
Die Felsen beschwichtigst
Stark bist du und schön
Wie der Herr in der jüngsten Stunde
Am jüngsten Tag am jüngsten Gericht
Wenn Ewigkeit anfängt und dennoch
Alles beginnt ohne Zögern
Wieder und wieder

Gott oder Göttin
Gleichermaßen geschlechtslos und
Sachlich der Sache dienend

Und ohne Gewissen noch Schuld
Nimm mich in Gewahrsam
In deine Weisheit in deine Gunst
Die unvergänglich alles beflügelt
Und liebt und züchtigt
Damit sich aus den Schrunden
Des Leids die Klarheit herausschält
Mit der wir am Ende der Tage
Der Gottheit begegnen

♥

Garten mein Garten
Wer hat dich verwüstet
Haus mein Haus
Wer hat dich zerstört
Straße wo führst du hin
Himmel was zeigst du mir
Erde wer bist du
Was tust du
Was lehrst du mich

Wer bin ich wer bin ich
In diesem Körper
In dieser Form
Die mir fremd ist
Was hab ich zu schaffen
Zu tun zu gestalten
Wozu und warum

Mein Leid ist das Dunkel
Tiefer Verneinung
Mein Warten auf Glück
Mein Hoffen auf Werte
Dass kommt was ich wünsche
Kein Schicksal kein Rückschlag
Kein Hunger kein Wahnsinn
Kein Stolpern kein Fallen

So ließ ich mich werden

So bin ich geschaffen
Doch muss ich so bleiben
Gott der Geschichte
Gott meiner Väter
Meiner Mütter Versprechen
Sprich zu mir diesem Wurm
Den Du angeblich lieb hast
Gib Licht in mein Dunkel
Zeig mir Deine Stirn

So lass dich doch treiben
Mensch ohne Flügel
Du hast keine Wahl
Aber trägst ein Vermächtnis
In deinem Gemüt wohnt
Der Motor des Werdens
Was sonst sollst du sein
Als jemand der ist

So sei denn und handle
Nach deinem Gewiss-Sein
Der Schlüssel zur Weisheit
Verbirgt sich im Herzen
Bis du aufhörst zu fragen
Zu suchen zu richten
Zu fordern zu streiten
Zu leiden zu fürchten
Zu flehen zu winseln

Bis du anfängst zu sein
Einfach und fraglos
Und ohne Bedingung
Und ohne Gewähr
Nackt und gesetzlos
Außer Gefecht
Außer Vorsicht
Planung und Notwehr
Außer Gewicht

Ihr Wächter der Wüste
Ihr Richter der Welten
Ihr Seeligen alle
Ihr Teufel im Schafspelz
Vergebt mir die Einfalt
Den Krieger die Vielfalt

Vergebt mir die Sehnsucht
Die Hoffnung die Planung
Vergebt mir den Zweifel
Die Meinung die Sucht
Vergebt mir die Sorge
Die Wehmut die Strenge
Vergebt die Erfolg
Vergebt mir den Traum und
Seine Verstrickung
Vergebt mir den Zweifel

So bin ich denn ewig
Und ewig am Wandern
Vom hier zum dort und
Zurück zur Versuchung
Mein Gott nimm mich an
Bin ich auch verloren
In deiner Wahrheit
Im Sinn und im Werden
Ein Wesen ein Sucher
Ein Objekt der Sinne
Ein Gott und ein Teufel
Ein Geist und ein Djinn

♥

Der Richter wirkt ohne Worte
Er spiegelt dein Leben dein Sein wird
dir sichtbar
Dein Zustand bestimmt deine
Einsicht
Was wirklich ist wirkt ohne Gnade

Lass fallen dein Denken dein Wirken
dein Hoffen
Lass fallen die Maske die dich
beschützt hat
ER fällt nicht drauf rein
ER ist der Reine der Klare der Starke
Ihn kannst du nicht täuschen und
ohne ihn
Bleibst du dem Abseits verpflichtet

Erst wenn du erkannt hast dass ER
das Gericht ist
Das du selbst dir verhängt hast
Öffnen die Tore sich dich zu
empfangen
Und du darfst eingeh`n ins Reich in
dem alles
Verbunden ist ohne Urteil und ohne
Verdammnis
In welchem dein Selbst zum Atem
des Seins wird

Das sich selbst erfindet und im
Namen der Schöpfung gestaltet und
wirkt

Dann bist du alles und nichts
persönlich
Die Ewigkeit trägt dich ihr bist du
versprochen
Du bist ihr Kind ihre Mutter ihr
Schicksal
Du bist ihr Glück ihre Gnade ihr Sinn
♥

Sie suchen dich
Auch wenn sie es noch
Nicht wissen
Offenbare dich ihnen
In jedem Stolperstein und
Jeder Blüte die hinwelkt

Du der alle Gesichter hat
Du der sich hingibt
Du der auferstehst an jedem
Kreuzweg
Du der wartet geduldig
Auf jede Seele
Auf jedes Atom
Auf jede Träne die
Geweint wird deinetwegen

Du der das jüngste Gericht
Zum Gesang macht
Wenn wir heimkommen
Und dem Ruf folgen
Den unser Herz anstimmt
In deinem Anblick und
In deinem Namen

♥

Schweigen reden
Weinen lachen
Denken ja und nein
Heute Morgen
Immer nie

Wahn Wind Schall
Und Rauch
Lachen Nebel
Schwaden von Ahnung
Wolken von Lust

So wie es ist ist es gut
So wie es ist beginnt
Schicksal so wie es ist
Endet Schmerz
So wie es ist beginnst du
Jetzt und für immer
Jetzt oder nie

Lebt wohl ihr Träume
Lebt wohl ihr Burgen der
Sicherheit
Lebt wohl ihr
Brücken des Wissens
Ihr Fragen ihr Antworten
Aus Ängsten geboren
Etwas könnte nicht stimmen
Lebt wohl ihr Bilder

Ihr Gespinste aus
Leid und Lust
Chimären der Weltzeit
Chimären des Nichts
Ich geh meiner Wege
Verbunden mit dir
Geist des Geschehens

So führe mich denn und lass
Die Nacht meiner Seele
Mein Paradies sein
In dem sich Wandlung vollzieht
Von Licht zu Schatten
Von Schatten zu Licht
Ich muss nicht wissen
Nicht rechten nicht klären
Ich darf dich fühlen
Körper des Geistes
Der ich selbst bin
Von Anfang und immer

Sein in der Wildnis
Sein in der Einheit
Sein im Kreislauf
Ewiger Kräfte
Ich
Ein Funke des Lebens
Ich ein Funke des Glücks

♥

Großer Geist
Ewiger Göttlicher
Adonal Atman
Schöpfer der Welten
Unermesslich Herrlicher
Sieh ich bin Dein
Ich bin Dein Kind ich bin
Deine Schöpfung
Dein Werkzeug
Dein Hammer Dein Nagel
Dein Bett Deine Unschuld

Vergib mir den Zweifel
Der weht wie der Wind
Vergib mir die Angst
Den Hochmut die Gier
Die List und die Trauer

Lass Erdenschwere fallen
Von meinen Schultern
Damit Du strahlender noch
Und wunderbarer hervorgehst
Aus meiner Dunkelheit
Lass mich eingehen in
Das Licht ohne Schatten

Und schau gnädig herab auf die
Die auf dem Weg sind zu Dir

Auch wenn sie nicht wissen
Warum und wozu
Gnade Gnade Gnade

Wenn du eine Stimme brauchst
Ich bin da
Dass ich sein darf in Deiner
Präsenz
Und wirken darf in Deinem Namen
Danke

♥

Herr des Himmels und der Hölle
Herrin meiner Seele
Macht Ohnmacht Gewalt Versagen
Wo sind meine Schlüssel wo ist
Der Keller in welchem meine Schätze
Vergraben sind wo ist der Speicher
Der meine Einsicht hortet
Wer bin ich
Was Material wirkt in mir welche
Segnungen habe ich vergessen
welche
Aufträge verleugnet welche
Offenbarungen
Überhört
Meine erfrorenen Hände meine
Zerbrochenen Füße mein verlassenes
Geschlecht
Was wie wo warum wozu

Antworte mir Du Ungeheuer das
Gelassen zuschaut und den Altar
Bereitet hat auf dem meine Seele
Sich opfern muss
Was willst Du von mir was soll ich
In deinem Namen tun
Sag es deutlich zeige mir Deine
Absicht und nimm mich so in die
Zange dass ich begreifen kann was

Sich meinem Zugriff entzieht

Ja ich will Dir dienen den Du bist
Groß
Ja ich lege Zeugnis ab
Ja ich höre Deinen Ruf
Ja ich beuge meine Knie
Ja ich lasse meine Wünsche los
Ja ich bin niemand
Ja ich bin Dein
Ja ich bin Dein

♥

Die Natur ist ohne Erbarmen
Sie ist die Liebe die uns durch
Die Hölle treibt
Sie ist die große Verführung
Die im Blütenzauber
Träume entfacht die uns
Letztendlich verraten

Dann starrst du ins Dunkel
Und erkennst dein eigenes
Hemd nicht mehr
Geschweige dein Herzblut
Das durch die Nächte sickert
Und Zeugnis ablegt
Von deiner Bestimmung

Wann und wo jetzt und hier
das ist die Parole
Wo sonst können wir unsre
Augen öffnen und der
Wahrheit ins Gesicht sehn
Ohne zu verbluten
Wo sonst können wir die
Liebe erkennen die alles
Durchströmt mit ihren
Dimensionen von Geschlecht
zu Geschlecht von Gewalt zu
Vergebung von Verzicht

Zu Gewinn

Wo sonst zeigt sich das
Antlitz der Schöpfung wenn
Nicht aus der Not entlassen
Aus der Angst geboren
Aus der Wut erlöst

Wo sonst geh`n wir hin
Wenn nicht dort wo wir sind
Das Geheimnis offenbar würde
Das der Körper uns bietet
Dieses Wunder des Werdens
Der uralten und ewigen
Weisheit des Seins

♥

Die Freude als Sieger über das Leid
Braucht das Leid um zu siegen
Wo sonst fände sie die Tiefe
In welcher die Nahrung reift
Die sie braucht um zu blühen

Dunkle Erde wird aus totem Gebein
Aus gestorbenem und gestorbenes
War einst blühend und ausgesetzt
Um zu füllen die Töpfe und
Nahrung zu werden für
Neues und immer Neues

Freude du Funke der Götter
Aus den herrlichen Weiten des Lichts
Das sich entzündet am Steinschlag
Und an den verdorrten Sträußen
Der Brautschau und den wütenden
Monologen leidenschaftlicher Suche

Körper mein Körper
Du Diener lebendigen Geistes
So blühe denn auf Gedeih und Verderb
Und die Klage werde zum Lobgesang
Und der Tod zum Erwachen
Und mein Herz
Zur Wurzel der Gnade

♥

Die Gesetze der Lust
Ich verstehe sie nicht

Aber ich muss ihnen folgen
Sie verwirren mein Denken
Sie bezweifeln mein Wissen
Sie vernichten den Anspruch
Meines Verstandes
Sie verraten den Gott in mir
Und meine Gesinnung
Sie sind lebendiges Feuer
Sie sind der Kristall
Der die Ewigkeit bindet
Sie sind der Augenblick
Der Wahrheit
Der Augenblick des Lichts
Sie sind unauslöschlich
Und fordern Besinnung

Ich bete sie an und
Verfluche sie
Der Stachel im Fleisch
Ist die Hölle
Die den Himmel verrät

Wer bist du Gott
Wer bist du Jesus
Wer steht auf dem Berg
Sodom

138

Und starrt in die unendliche
Rosafarbene Weite
Und in die glitzernde Steinwelt
Als ob ein Glaser seine
Fenster zertrümmert hat
Und vor dem Nichts steht
Und den Himmel anglotzt
Der sich undefinierbar und
Unergründlich über der
Wüste wölbt

Oh Gott was willst du
Dass ich sehen soll
Was ich lassen soll
Was ich sein soll
In dieser Welt des ewigen
Schweigens
Über welcher der Mond aufgeht
Wie ein Totenkopf oder wie
Das Gewissen der Welt
Leuchtend vom Wiederschein
Herrlicher Feuer
Die das Versprechen einlösen
Das meine Seele erinnert

Hier bin ich alles und
Nichts zugleich
Immer und nirgends

Ewig und unfassbar
Und dennoch atmet
Der Gott in mir
Dessen Namen ich nicht
Kenne und dessen Gesetze
Sich selbst leben im
Wandel des Lichts und
Der Finsternis
Und in mir und
In dir

♥

Im Hause meines Vaters sind viele
Wohnungen
Aber wo ist der Eingang
Wo finde ich jeden Tag von Neuem
die Tür
Denn die Nacht nagt an jeder
Erkenntnis
Und Ziele vernebeln sich selbst im
Alltag
Und lassen mich irren immer und
immer wieder
Und suchen nach den Umrissen der
Wahrheit
Die im Nebel verblüh`n und die Orte
verwischen
Und den Verstand umwölken mit Rat
und Unrat
Denn der Garten Eden liegt hinter der
Oberfläche
Und ist nur mit den Augen der Seele
zu finden
Die das Licht suchen das uns nährt
und das
Wir nähren mit unsrem Vertrauen

Wer gibt mir die Worte wer wirkt in
mir

In einer Sprache aus Zeiten als Gott
noch
Ein Mann war und die Göttin
verwiesen
Und die Menschen noch keinen
Namen kannten
Für die Unendlichkeit des
Universums
Denn wer kann schon benennen was
sich
In jedem Atom anders verwirklicht
Und immerzu sein Gesicht tauscht
Und uns verwirrt und womöglich
erweitert
Und die Höhen und Tiefen atemlos
wechselt
Im Feuer der Reinigung unermesslich
Und herrlich

Und jener der sich Jesus nannte oder
Buddha
Die Wanderer in der Wüste und
zwischen den Welten
Wo sind sie hingegangen wo ist ihr
Haus
Ihre Nahrung ihr Wissen ihr Segen
wenn nicht in

Jeder Zelle wiedergeboren wieder
und wieder
In denen wir wohnen und die uns
dienen
Um zu erkennen was kein Gesicht hat
Und zu ergründen was keine Dauer
verspricht
Um das zu leben was Fleisch
geworden ist
Und eine Sprache stammelt mit der
wir einander
In immer höhere und tiefere Welten
begleiten
Um dem zu dienen was keinen
Namen hat
Und was wir verwirklichen und
verewigen mit
Der Kraft unsrer Herzen und dem
Wissen der Seele
Die uns die Botschaften übersetzt die
in der
Weisheit des Körpers schlummern

♥

Herr des Himmels
Gott der Zeiten
Gott der Ewigkeit
Herrlicher Großer
Wo bist Du wo ist
Dein Reich
Dein Wort Deine Sprache
Ich brauche Dich
Deine Antwort
Dein Auge Dein Haar
Wo bist Du wo
Ist deine Stimme
Meine Ohren sind
Süchtig nach Dir
Meine Augen tränen
Gib mir Bewusstsein
Gib mir den Sinn
Okay okay
Du antwortest nicht
Auf diese Sprache

Oh Gott mein Geliebter
Mein Herrscher mein Richter
So nimm mich doch an
Nimm mich auf
Ich weiß ich bin niemand
Ein Sandkorn ein Lufthauch
Dennoch Dein Sandkorn

In Deiner Schöpfung

Immer wieder diese Abstürze
Und jedesmal wird der
Abgrund tiefer und der
Aufstieg leuchtender
Hab doch Geduld
Arme Seele
Und bete

♥

Segen
Ist die Zuwendung
Einer wohl gesonnenen
Gottheit
Gnade
Ist der selbst gewonnene
Einblick in das Sein

Was aber wenn der Segen ausbleibt
Und die Gnade verweigert wird
Und wir umsonst an die
Pforten des Himmels trommeln
Was aber
Wenn wir dem Zweifel verfallen
Der in den Zwischenräumen lauert
Und uns versinken lässt im
Wahn der Sinnsuche

Gemach gemach sagte
Meine Großmutter
Hier ist ein Schemel
Knie nieder
Auch wenn es schmerzt
Oder ein Holzscheit

Demut ist die Qualität der
Könige die von Gottes Gnaden
Eingesetzt sind

Aber Macht ist die große
Versuchung die den Erdball
Vergiftet und den Abend
Zum Horror gestaltet statt
Zur Befriedigung

Meine Großmutter war
Eine einfache Frau die noch
Wusste wo Gott wohnt

In welches Haus ist er umgezogen
Welche Himmel oder Höllen
Bewohnt er jetzt

Gut ist das innere Licht
zu entzünden
Denn nichts sonst ist die
Gewähr für Einsicht
Und Aussicht
Und die Zukunft muss
Offenbleiben
Für die Wunder
Der Wandlung

Was auch immer geschieht
Es gibt keine Rettung es sei denn
Du findest in dir die Offenbarung
Der Wahrheit und den

Schlüssel zu Himmel und Hölle
Denn beides ist weil es ist
Und verzichtest auf Urteil und
Schnelle Erlösung
Sondern verrichtest dein Werk
Des Erwachens um jeden Preis

Die Angst ist der Weg
Der Schmerz ist die Stufe
Der Atem die Kraft die
Dir zusteht
Werde ein Licht eine Botschaft
Ein Hinweis ein Tip für die
Die noch kommen und neben dir
steh`n
Und beuge dich vor den
Prüfungen deiner Geschichte
♥

Wie lebt sich`s denn ohne
Hoffnung
Du stehst vor dem Loch in das man
Dich reinwirft ganz ohne Zweifel
Und du willst es nicht glauben
Jetzt doch noch nicht und warum
überhaupt
Ich bin eine Ausnahme vielleicht
Wenn der Himmel ein Einseh`n hat
Du meine Güte es gibt doch noch
Wunder

Jedenfalls ist die Erde ein einziges
Grab
Bestenfalls nach reicher Erfahrung
nach
Hundert Jahren in Glück und
Wohlstand
Wirst du zu Erde und ein Stück
Geschichte auf dem Bäume gedeih`n
Und sprachlose Wesen ihr Unwesen
treiben
Mit Muh und Mäh und Pfeiffen und
Bellen

Was ist dann mit Zielen mit Träumen
Idealen Ideen und solchem Plunder
Mit deinem Geschrei mit dem du dich

149

Brüstest um Wirkung zu haben
Auf Schwachköpfe Arme und Blinde

Oder wann sonst willst du erwachen
Und hinseh`n und forschen und die
Welt
Erkennen die keinen Aufenthalt
duldet
In Banken und Küchen und Diskos
und Autos
Oder in Ländern in denen
Sonnenschein garantiert wird

Wer sucht der findet sagt
Ein biblisches Sprichwort
Und wer findet der landet bei sich
selbst
Wo denn sonst

Also finde die Blume die niemals
verblüht
Den Schatz der nicht schwindet den
Himmel und Hölle erschaffen und der
Dich geformt hat so wie du bist
Dann wird dein Auge zum Sturm
 Dein Herz wird zu Feuer
Zu Wasser dein Blut zum reissenden
Strom und zu

Erde dein Fleisch und dein Geist
Wird zur Flamme die
niemals erlischt

Du bist das Ganze und das Geringste
Du bist der Same und du bist die
Kraft
Du bist die Gnade und das
Verhängnis
Die Ohnmacht die Willkür
Der Gott und der Sinn

♥

Straßen nirgendwo
Wüste irgendwo
Berge ausgesetzt
Herzen vergessen
Mensch auf der
Flucht vor
Sich selbst
Über den Gipfeln
Unter den Wellen
Im Bergwerk
Oder mit Flügeln
Die brechen
Oder barfuß und
Todgeweiht
Siechend suchend
Weinend stolpernd
Ziellos und
Sprachlos
Auf der Flucht
Vor sich selbst

♥

Wenn die Sonne untergeht
Und die Nacht beginnt
Wachsen die Schatten
Auch dein eigener wird
Lang wie dein Wirken
Im Teppich des Lebens
Dem du nicht ausweichen
Kannst bei aller Vernunft
Und bei aller Sorgfalt

Die Früchte des eigenen Gartens
Werden sauer wenn du
Nicht aufpasst

Vergnügungspark Leben

Du musst der Dompteur sein
Und deine Tiger bewachen
Und Zauberkünstler um
Dein Publikum zu verwirren
Und auf dem Drahtseil
Musst du tanzen
Souverän und Angst frei
Und Komiker sein mit
Klamotten die auf alle
Fälle zu groß sind für
Dieses Nichts das du
Darstellen sollst

Und Platz anweisen nicht
Vergessen damit Ordnung
Herrscht in diesem Laden
Und Zuschauer bist du
Auf jeden Fall und schon
Immer und vor allem
Dein Kritiker der dich
Verreist oder
Hochjubelt je nach
Deiner Stimmung

Aber was soll`s
Es darf Spaß machen
Und aus der Tragödie
Kann eine Komödie werden
Wenn du den Gott in dir
Zu Worte kommen lässt
Der da sagt

Ja was sagt er denn
Sprich es aus
Es ist deine Show dein
Resultat deine Stimme
Dein Leben dein Recht
Und deine Entscheidung
der du nicht auskommst

Du bist Schöpfer und

Schöpfung zugleich
Und du zahlst mit
Dem Leben
Auf Heller und Pfennig
Und du findest den Lohn
Im Überleben der Angst
Und im Lachen
Das zwischen den
Stadien deines
Entsetzens lodert

♥

Der Einzige dem ich die
Treue halte bis zum Tod
Geist der Schöpfung bist du

Denn mein Herz ist in deinen
Händen und meine Sinne folgen
Dir blind unerbittlich
Unermesslich und wunderbar
Dröhnend flüsternd hallend
Beschwörend leise unhörbar
In meinem Blut in jedem
Atom meines Leibes
Der dein Leib ist mit seiner
Ganzen Wahrheit und seiner
Verheißung und seinem Licht
Und Schlacke um Schlacke
Verglüht im Feuer der
Leidenschaften die mich
erzittern lassen
Von Angesicht zu Angesicht
Hinter den Schleiern von
Täuschung und Illusionen und
Den billigen Tröstungen
Sinnlicher Freuden und
Irdischen Glücks

Mein Haus ist nicht in dieser
Welt und meine Krone schmückt

Nicht das Haupt das sich
Schindet in Mühsal und Abwehr
Und in Angst und Schrecken
Sondern deine Präsenz in meiner
Struktur die sich ich nennt
Und schmachtet nach dem
Offenbarungen der Ankunft

♥

Und das Wort
Ist Fleisch geworden
Und macht Geschichte
In Deinem Namen
In Deiner Gestalt

Und wir wissen nicht
Was wir tun
So vergib uns

Denn Dein ist das
Reich und die Kraft
Und die Herrlichkeit
Denn Dein ist das Wort
Und die Tat und die
Macht und die Liebe
Denn Dein sind wir
Und erfüllen
Was uns vernichtet
Und aufersteh`n lässt
Am Tag des Gerichts
Und die Nacht
Durchleuchtet mit
Ewiger Klarheit

♥

So steh ich am Ufer
Der Ewigkeit
Ein Sandkorn
Getrieben von Ebbe
Und Flut
Mit Augen die den
Himmel suchen
Draußen im
Undurchdringlichen Blau
Mit Händen die bluten
Vom Scharren im Sand
Mit Haaren triefend
Von Ungeduld

Wo bist du Wirklichkeit
Wo bist du Antwort
Wo bist du Versprechen

Der Donner sagt - schweige
Die Wolken sagen - hab Geduld
Der Wind sagt - du bist
Das Meer sagt - komm zu mir
Meine Tiefen rauschen in
Deinem Blut
Ich bin alles und nichts
Ich bin was du suchst
Die Verwandlung
Lass fallen die Fragen

Lass los die Erwartung
Gib auf allen Aufruhr
Finde dich selbst am Ufer
Stürmischer Zeiten
Jenseits von Stolz
Jenseits von Wertung
Diesseits im Strudel
Hier und unendlich
Nirgends und immer

Jede Bewegung ein Segen
Jeder Kuss ein Beginn
Jedes Wort eine Botschaft
Jeder Tod ein Gewinn

Nichts ist für immer
Dennoch Geschichte
Dennoch gespeichert
Dennoch präsent
Lebendig und herrlich
Gerecht und verbindlich
Irdisch und himmlisch
Öffne den Sinn

In deinen Zellen ist
Die Antenne
In deinen Augen ist
Ewiges Licht

In deinem Herzen ist
Die Bestimmung
In deinem Blut
Der Weg und
Der Sinn

♥

Der Vulkan in mir kocht
Die Feuer der Erde
Prasseln in meinem Innern
Wann brichst du aus
Heiliger Quell
Und streust die Asche
Der Sehnsucht ins Meer
Und schleuderst die
Glühenden Brocken von
Lust und Unlust
Von Freude und Leid
In die herrlichen Stürme
Der Erde
Um den Tag zu verkünden
An welchem die Tore
Sich öffnen von einer
Welt zur nächsten
Und von oben und unten
Und allen Seiten
KATHARSIS
Du reine Prophetin
Kommenden Lichts
Sei willkommen
Den Tempel zu säubern
Für die Geburt
Heilender Zukunft

♥

Auch wenn Verständnis und
Vergebung unmöglich sind
Weil die Taten niemals
Verjähren können und die
Schuld zu tief ist
Zu unbegreiflich der
Machtmissbrauch und
Die Verstrickung

Auch wenn niemals eingesehen
Noch akzeptiert werden kann
Was sich verdichtet hat und
Schicksal geworden ist
Weil es schrecklicher ist als
Jede Phantasie oder jede Hölle
Für möglich hielten

Darf das Gespräch nicht
Abbrechen zwischen uns
Denn hinter den Worten
Kann vielleicht etwas
Aufblühen was größer ist
Als Worte was größer ist
Als Vergangenheit was größer
Ist als Verstehen

Etwas jenseits von Hölle
und Himmel etwas

Was den Horizont erleuchtet
Etwas was wir nicht kennen noch
jemals erlebt haben noch
Für möglich hielten
Noch wissen

Denn warum hat der Himmel
Nicht eingegriffen sondern
Erlaubt und eiskalt zugeseh`n
Wenn es nicht die Einsichten
sein sollen die uns wachrütteln
müssen
Jeden auf seine Weise
Und je schmerzlicher
Um so tiefer

Denn wer verletzt sich härter
Als Mutter und Kind als
Bruder und Schwester
Als Liebende
Um hervorzugehen aus den
Gefechten und tödlichen
Umarmungen
Von Meinung und Selbstgerechtigkeit
Und der Sehnsucht nach
Verschmelzung

Weshalb und wozu

Das müssen wir durchsteh`n
Auch wenn die Worte vorbeigeh`n
Und die Schreie verhallen
Und die Arme nicht halten
Können was ihnen zufällt
Auch wenn die Hände verzweifelt
Rütteln an der Finsternis
Und sich schließlich
Aneinander festkrallen in
Der Bitte um Vergebung

♥

Wie überleben in diesen Zeiten
Die alles auf den Kopf stellen was
Beine hat
Und alle Beine abhacken die sich
verstanden
Haben als Weltbild oder als Sofa

Wie überleben wenn Lüfte brodeln
wenn
Meere kochen und die Himmel wüten
Im Aufruhr der Sitten und des
Verstandes
Im Krieg der linken Hand mit der
Rechten
Der Nase mit dem Ohr und
Der Jacke mit der Hose

Wie überleben Gott der Gerechte oder
Madonna
Du Dia der Liebe und der
Versöhnung
Wie überleben wenn nichts mehr am
Platz ist
Als ob die Erde geschüttelt würde
von
Unsichtbaren Verrätern die den
Untergang lieben

Und die Auflösung alles verstrickten
und aller
Versicherungen und aller Hoffnung
Und allen Glücks

Himmel was ist das was meinen Kopf
Meine Meinung meinen Hochmut
und
Meinen Bericht nicht akzeptiert
Wo ist das Land das Heilige das
Herrliche
Das mit dem Segen des Herrn
Mit den Sandalen im Sand unter der
Sichel des Mondes der sich raushält
Über den Bergen des Herzens

Komm Bruder Schwester Freund oder
Feind
Hier steht der Wein der uns trunken
macht
Und die Fragen austrickst und die
Antworten
Verschweigt oder vergessen lässt
Auch wenn das Blut kocht in den
Adern
Und die Knochen schmelzen
Und die Locken davon weh`n

Jetzt sind wir hier und heute und ewig
Jetzt sind wir lebendig jetzt sind wir
schön
Auch wenn die Erde zittert und die
Tische brechen
Und Betten nicht halten was sie
versprechen
Auch wenn die Meere verschlingen
was
Ihnen zu nah kommt
Jetzt sind wir hier
So lasst es uns leben

♥

Über den Wellen
Fliegen die Vögel
Unter den Wellen
Schwimmen die Fische
Auf den Wellen
Schwimmt unser Kahn

Wo bist du
Ruder das uns rettet
Wo bist du
Flügel der uns trägt
Wo bist du
Mond der uns träumen lässt
Von besseren Zeiten

Wer bin ich
Dass ich fragen darf

Wer bittet ist schwach
Wer träumt
Geht ins Irrenhaus
Wer weint
Füllt die Meere
Wer lacht
Trägt den Himmel
Auf seinem Atem
Wer singt
Hilft dem Wind

So fahr denn dahin
Schiff ohne Segel
So klinge
Gesang überm Meer
Wohin denn wohin
Das ist die Frage
Nirgendwo irgendwo
Bin ich der ich bin

♥

Wen suchst du
Wenn nicht dich
Wem folgst du
Wenn nicht dir
Was brauchst du
Wenn nicht Liebe
Wer bist du
Wenn nicht du

Du kannst nicht entfliehen
Du kannst nicht vermeiden
Du kannst nicht vergessen
Du kannst nicht verschweigen

Du bist was du bist
Ein Abbild der Schöpfung
Ein Muster ein Kunstwerk
Ein Lichtblick ein Sinnbild
Ein Schrei und ein Lächeln
Ein Gott und ein Teufel
Ein Engel ein Dämon
Ein Monster ein Dieb
Ein Tier und ein Weiser

So hast du die Wahl
Du kannst dich entscheiden
So sei denn dein Meister
So finde den Sinn

♥

Und führe mich in die
Versuchung
Und zeige mir alle Laster
Und Wege in die
Nacht der Verwirrung
Damit sich entzündet
Das Licht
Das in mir wartet und
Zum Stern werden will
Der die Finsternis
Meistert

Denn geboren bin ich
Um zu leuchten und
Den Weg zu finden
Zu dir
Unermesslichkeit
Herrlichkeit
Göttlichkeit
Ewigkeit
Leben

♥

Freund oder Feind
Komm mir nah
Damit wir tauschen
Das Wort
Und uns lieben lernen
Nach den Gesetzen
Des Herzens

Denn die Entfernung
Macht einsam
Und die Begegnung
Macht klar
Und wer sich zurückzieht
Geht in die Fremde
Und wer sich öffnet
Kommt heim
In die Häuser
Der Erde
Und der Winde
Des Himmels
Singen

♥

www.ingramcontent.com/pod-product-compliance
Lightning Source LLC
LaVergne TN
LVHW041252080426
835510LV00009B/706